AF218223

LA GRAN CACERÍA

La gran cacería
© Juan Mayorga, 2025

Primera edición: junio de 2025

Copyright de la ilustración de cubierta:
© Daniel Montero Galán, 2025

© de la presente edición
Ediciones La uÑa RoTa, S. L.
Apdo. de correos 380, 40080 Segovia
ediciones@larota.es
www.larota.es

Maquetación: Arcadio Mardomingo

Depósito legal: SG 77-2025
ISBN: 978-84-18782-70-1

Impresión: Villena Artes Gráficas
Impreso en España

JUAN
MAYORGA
LA GRAN
CACERÍA

Ediciones La uÑa RoTa
Colección Libros Robados

La gran cacería se estrenó el 17 de noviembre de 2023 en la Sala Cuarta Pared de Madrid, con dirección del autor e interpretada por Will Keen, Ana Lischinsky y Fran Reyes. El 16 de octubre de 2024, en la Fábrica de Armas de Oviedo, se estrenó un segundo montaje con dirección de Luz Arcas e interpretación del autor.

A mis hijos, Miguel, Beatriz y Raquel

1

Goethe no visitó la catedral de Monreale. Lo leí sin darle importancia, pero hoy, después de haber entrado en ese lugar, me resulta incomprensible. ¿Será eso lo que no me deja dormir? El otro pasajero con quien comparto camarote sí duerme, o finge hacerlo. Cada noche, la víspera de llegar a un sitio, he leído las páginas correspondientes de *Viaje a Italia*, que Goethe publicó treinta años después de su aventura, seis más tarde que la *Teoría de los colores*. ¿Quizá sí visitase la catedral y luego lo olvidó? No lo creo. Al partir hacia Italia una madrugada de septiembre, bajo nombre falso, su propósito era —al menos eso expone treinta años después— «relacionarse con las cosas sin ninguna intención». ¿Qué quiere decir «relacionarse con las cosas sin ninguna intención»? Goethe se relacionó con muchas durante los veinte meses de aquel viaje que emprendió para evitar darse muerte y que transformó su espíritu, y con su espíritu el de Europa. Entró en la península por Trento; en Venecia le escandalizó la suciedad; apreció la limpieza de Nápoles, donde tomó una fragata a Palermo, la capital de los sicilianos, que también le pareció sucia. Dos semanas pasó Goethe en Palermo, a solo ocho kilómetros de Monreale. En la única ocasión en que se desplazó a Monreale, quien se hacía llamar Philip Möller porque no quería ser reconocido como el autor de *Werther*, visitó el monasterio de San Martino, pero no la catedral. ¿Nadie le advirtió que, hallándose tan cerca, tenía que entrar en un sitio donde encontraría cosas importantes con que relacionarse? No hay razón para pensar que sí la visitase y, treinta años después, decidiese ocultarlo, me digo en esta noche de insomnio en el barco que me aleja de Sicilia. También yo salí de madrugada sin que nadie lo supiese; también yo viajo bajo nombre falso. Hoy regreso al continente en el mismo buque y con la misma tripulación que me llevaron a la gran isla. ¿He conseguido yo relacionarme con las cosas sin ninguna intención? ¿Conseguiría dormir si supiese qué me quita el sueño? Y vosotros, dondequiera que estéis, ¿sabéis vosotros qué es lo que os quita el sueño? Yo sí he visitado la catedral de Monreale. En la nave central, cuatro mosaicos cuentan la historia de Noé.

2

No son buenas fotos. No soy buen fotógrafo, y no disparé con el cuidado que hubiera puesto de saber que una noche iba a mostrarlas en un teatro. No fui a Sicilia a tomar fotos. No hubiera usado una cámara con la lente manchada –no hay que fijarse mucho para descubrir una sombra en la misma esquina de todas las fotos–. Ni siquiera las tomé desde buenas posiciones de disparo, ya que se estaba celebrando una boda y habían restringido el acceso a la mitad trasera del templo. El cual es del estilo que llaman árabe-normando, del que yo no sabía una palabra antes de mi viaje. Por fuera, me había hecho pensar en una fortaleza. Pero son los mosaicos de su interior lo que Goethe no hubiera olvidado jamás. El Pantocrátor del ábside. La tentación del desierto en el brazo derecho del crucero –a causa de la boda, tuve que fotografiar a Jesús y a su tentador desde muy lejos y en una posición incómoda–. Todos los mosaicos son bellos, pero los que esta noche vuelven una y otra vez a mi cabeza son esos cuatro sucesivos como viñetas de un cómic: la construcción del arca; la entrada de los animales; el diluvio; la salida de los animales al mundo, del que se han retirado las aguas. Pienso en ese barco mientras viajo en el vientre de este, en la noche. ¿Dónde he visto otro barco en que entraban y salían animales? Antes de acostarme, después de leer dos páginas de *Viaje a Italia*, he subido a cubierta para hacer una llamada a mi hijo y resulta que hay una zona de jaulas. Jaulas para las mascotas de los pasajeros, que tienen prohibido llevarlas a sus camarotes. Jaulas muy pequeñas y jaulas muy grandes, he encontrado animales que no esperaba ver. ¿Había jaulas en el arca de Noé? Yahvé no las menciona. Yahvé dio a Noé instrucciones muy precisas: «Haz un arca de maderas resinosas. Hazla de cañizo y cierra las junturas por dentro y por fuera con betún. Así es como la harás: de largo, trescientos codos; de ancho, cincuenta codos; de alto, treinta codos. Haz una sola ventana y remátala a un codo por encima, pon la puerta en un costado y haz un primer piso, un segundo y un tercero». Ni una palabra sobre jaulas. ¿Dónde he visto otros animales entrando y saliendo de un barco? Al acabar la boda, la gente aplaudió a los novios, primero los invitados, luego los turistas, yo también aplaudí, todos deseábamos su felicidad. Esos aullidos, ¿vienen de cubierta o de mi insomnio? ¿Los oís vosotros, en vuestro insomnio, esos aullidos? Ya recuerdo: fue en la villa romana de Casale, también allí vi animales entrando y saliendo de un barco.

3

Si Goethe hubiera llegado a Casale, solo habría visto un montón de barro. Casale —donde me detuve entre Palermo y Siracusa sin saber lo que iba a encontrarme y pensando que paraba a estirar las piernas y a hacer una llamada a mi hijo— está en el interior de la isla, lejos de los lugares que Goethe visitó bajo el nombre de Philip Möller. El sitio es famoso por esa villa romana que se preservó gracias a que, al caer el Imperio, fue utilizada como casa de campo y luego cubierta por un alud de lodo que la hizo invisible durante setecientos años. A quién perteneció es asunto discutido —unos dicen que a un senador, otros que al gobernador de la isla, otros que al mismísimo emperador—. Fuese quien fuese, lo indudable es que le importaban los animales. Hay docenas de cabezas de ellos en los mosaicos con forma de medallón en las galerías alrededor del gran patio. Mosaicos de suelo, no sé si ya lo he dicho, en Casale solo vi mosaicos de suelo, mientras que los de Monreale cubren los muros. Esa diferencia es, me doy cuenta ahora, esencial. Los de la villa fueron diseñados de modo que se los descubra conforme se camina sobre ellos. Por eso, todas las figuras se ofrecen a una misma escala, renunciando a la perspectiva. Hay un mosaico que representa, en escenas que acontecen simultáneamente en un bosque, además de hombres y sus caballos y sus halcones y sus perros, animales acosados, atrapados en redes, lanceados. Liebres, ciervos, jabalíes. Un gran jabalí que ha herido a un hombre es alcanzado por las lanzas de otros cazadores. A ese mosaico se le llama *La pequeña cacería* para distinguirlo del que cubre un suelo de unos cinco metros de ancho y sesenta de largo. En el centro de *La gran cacería* hay un barco. Pienso en este tercer barco –o cuarto, si sumo el que transportó a Goethe– mientras viajo por las aguas que los romanos llamaron Mare Nostrum. ¿Llueve en cubierta o en mi insomnio? Para dormirse, Goethe recorría mentalmente el ciclo de la planta, desde su semilla hasta su floración. Semilla raíz tallo cáliz corola pétalos semilla raíz tallo… Goethe pensaba que, bajo la extraordinaria variedad de las plantas, hay una forma común que él llamaba «protoplanta». Semilla raíz tallo cáliz… ¿Cuántas manos fueron necesarias para hacer *La gran cacería*? En Mérida me explicaron que los romanos usaban dos técnicas para construir mosaicos. No recuerdo ninguna de ellas. A diferencia de *La pequeña cacería*, *La gran cacería* no presenta animales muertos, aquí son capturados vivos, para lo que los hombres recurren al engaño tanto como a la fuerza. Dos apresan a una cría de tigre mientras otro pone ante su madre un espejo a fin de que retroceda asustada por su propia imagen. El destino de la cría, como de todos los animales apresados, es el barco en el centro del mosaico, sobre el que habían de pasar cuantos visitasen al señor de la villa. Lo que representa *La gran cacería* es la captura en África y Asia de fieras que luego se exhibirán en los anfiteatros del Imperio. ¿Serían llevadas a Roma y desde allí repartidas –esta para Augusta Emerita, esta para Agrigentum, las mejores para el Coliseo–? ¿Qué sentirían los espectadores al aparecer en la arena un animal nunca antes visto? ¿Qué sentirías tú? ¿Asombro? ¿Miedo? ¿La fuerza de Roma? Roma puede llegar a todas las tierras y de todas traerse a sus bestias. *La gran cacería* expresa el poder de Roma. De niño, me llevaban cada sábado a La Casa de Fieras, un pequeño zoológico en el Parque del Retiro cuyo espacio lo ocupa ahora una biblioteca pública. Mi animal favorito era un oso que caminaba incesantemente de un extremo a otro de su jaula. Mi animal favorito era un oso que caminaba incesantemente de un extremo a otro de su jaula. Mi animal favorito era un oso que caminaba incesantemente… ¿Cuánto duraría el viaje desde las costas de África o Asia? El pequeño tigre crecerá a lo largo del viaje, será una gran bestia cuando lo desembarquen, saltará a la arena como signo del poder de Roma. Quienes lo apresaron no parecían africanos o asiáticos. Ninguno de los encargados de la captura y transporte parece africano o asiático. No creo que lo sea ese cuyo rostro insiste en regresar a mi memoria: un hombre al que otro amenaza con un látigo.

4

A decir verdad, no sé si es látigo, palo o vara lo que tiene en la mano el que va a golpear. Su postura me hizo pensar en el *Duelo a garrotazos*, pero en la pintura de Goya ambos están armados. Un cartel explica, en italiano y en inglés, que la escena presenta una interrupción del proceso al haber desobedecido un esclavo una orden. Una interrupción. Me pregunto en qué se basó el escritor del cartel para deducir que el golpeado es un esclavo. Una interrupción. Salvo esta escena, todo en el mosaico funciona como una máquina. Al que golpea, el autor del mosaico no le dio rostro de malvado. No parece gozar con el sufrimiento del otro, solo cumplir con su deber. Quizá sea un funcionario que debe acabar a tiempo su misión, más importante que su vida. Quizá ambos hombres, el que lanza el golpe y el que espera recibirlo sin bajar la cabeza, sean especialistas en esta forma de caza que excluye la muerte y evita la sangre. Es un trabajo más difícil que matarlos, capturarlos vivos y conducirlos hasta Roma dejando intactas su fuerza y su belleza. El artista, antes que al servicio de la villa y su señor, puso su arte al servicio de una idea. Una idea de Roma. De la belleza y de la fuerza de Roma. La escena del látigo, ¿se le ocurrió a él o fue parte del encargo? ¿Podría haber dado un rostro menos amable al hombre que golpea? Llueve sobre el mar. La lluvia trajo el barro, la lluvia apartó el barro de siglos que cubría los dos rostros ¿Cuál fue el primer pensamiento de quienes descubrieron la escena del látigo? ¿Cuál ha sido tu primer pensamiento al descubrir la escena del látigo? ¿Pensaste que el hombre golpeado era un esclavo? Probablemente se trata de un personaje imaginario y es absurdo preguntarse si nació esclavo. Yo me lo pregunto. Me pregunto si quien imaginó al personaje imaginó que había nacido esclavo. ¿Era un esclavo él mismo, el autor del mosaico? ¿Había nacido esclavo o había conocido la libertad? Quizá fue libre hasta la derrota de su pueblo, que lo convirtió en botín de guerra. Quizá había sido educado, sabía griego, había leído a Platón. O quizá nunca había sido dueño de nada, ni siquiera de sus manos. Si el hombre que va a ser golpeado —a quien quizá el autor da su propio rostro—, si el hombre que va a ser golpeado nunca ha sido dueño de nada, ni siquiera de sus manos, ¿por qué mira así a quien va a golpearlo? ¿Por qué no baja la cabeza? En el barco, ¿había jaulas para los esclavos indóciles? ¿Comerá el esclavo con el hombre del látigo o con los animales? ¿Había jaulas en el arca? ¿Cómo era el sonido del arca, el sonido de miles de animales, minúsculos y enormes, miles de animales insomnes alrededor de Noé?

5

«He visto que la tierra está llena de violencia a causa de la carne. Me arrepiento de mi creación. Pero he encontrado en ti un hombre justo y quiero hacer contigo una alianza». Yahvé, que nunca duerme, solo a Noé reveló su plan y qué parte del trabajo se había reservado. «Entrarás con tu mujer y tus hijos y las mujeres de tus hijos y una pareja, macho y hembra, de cada especie de ganado, de cada especie de ave, de cada especie de serpiente. Yo traeré las aguas sobre la tierra. Excepto tú y los que contigo salves, cuanto tiene hálito de vida perecerá». Por la ventana del camarote, detrás de la lluvia, veo el mar como pudo verlo Noé durante cuarenta noches. ¿Nunca deseó tirarse al agua? La víspera de embarcar hacia Sicilia, en las ruinas de Paestum, fotografié a un hombre desnudo que se lanza de cabeza al agua. Un hombre entre la tierra y el mar, en el aire. Imagen bella y extraña como el lugar en que fue encontrada: la cara interna de la cubierta del enterramiento griego que llaman *La tumba del nadador*. ¿Por qué pintar un nadador dentro de una tumba, donde solo el muerto podrá admirarlo? En una tumba, un hombre que se lanza al agua, ¿es imagen del morir o del renacer? ¿O es solo un hombre que se lanza al agua hacia donde nadie lo conozca, donde empezar de nuevo bajo otro nombre? A través de la noche y de la lluvia, creo ver otros barcos, barcos muy grandes y barcos muy pequeños. «Todos vienen aquí», dijo la dueña de la casa en que me alojé en Siracusa, donde, después de llamar a mi hijo, maté horas examinando los best sellers que aguardaban en una balda para entretenimiento de los huéspedes, algunos abandonados por otros huéspedes. Entre novelas de crimen, me esperaba un ejemplar ilustrado de la *Divina comedia* cuyo primer dibujo me hizo recordar que el poema comienza en el encuentro del poeta con unos animales: un león, una pantera y una loba, representaciones de la soberbia, la lujuria y la avaricia. «Todos vienen aquí», dijo, sacándome de la lectura, la dueña de la casa. Señalaba este mar por el que navego. «Todos vienen aquí». Se refería a los africanos y asiáticos que intentan llegar en botes a la isla. ¿De verdad puede alguien dormir? Esos aullidos, ¿están fuera o dentro de nosotros? ¿Qué pensaba Platón sobre los animales? Platón hizo tres viajes a Sicilia desde Atenas. En el último –¿tres?; ¿tan fácil era en el siglo cuatro antes de Cristo?–, en el último fue capturado por piratas que lo vendieron como esclavo. ¿Dedicó entonces Platón algún pensamiento a los animales? Escribió algo sobre unos caballos con alas. En *La gran cacería*, entre los animales de este mundo, vi un grifo, ese ser compuesto de águila y león. «Compuesto de hombre y fiera» se llama a sí mismo aquel a quien su padre engañó con un simulacro hasta que no supo distinguir la vida y el sueño. Mi animal favorito era un oso que caminaba incesantemente de un extremo a otro de su jaula. Quizá algunos subieron al arca engañados, o drogados, o por la fuerza. Quizá otros fueron rechazados. ¿Cómo pudo Noé contener a animales y humanos que, alarmados por los indicios de que se aproximaba una catástrofe, intentaron asaltar la nave? ¿Cómo hizo la selección? «Tú entras. Tú no». «Selección» es palabra común en los relatos de los supervivientes. Al bajar del tren, los repartían en dos filas: «Izquierda», «Izquierda», «Derecha», «Izquierda»… Los que iban a la derecha, aún tenían una oportunidad. Todo había de funcionar como una máquina, cualquier interrupción era castigada. En los campos, donde había gente de toda Europa, al látigo lo llamaban «el traductor», porque su idioma es entendido por todos. ¿Es posible relacionarse con las cosas sin ninguna intención? ¿Es posible relacionarse con las palabras sin ninguna intención? ¿Puedo yo relacionarme contigo sin ninguna intención? En la villa de Casale hay dos estancias, quizá de los hijos del dueño, cuyos mosaicos representan a niños jugando. En un mosaico, los niños juegan a cazadores; a actores en el otro. ¿Jugar a la caza y al teatro sería parte de su educación como amos del mundo? ¿Jugarían también al amo y el esclavo? ¿Qué habría visto Goethe si hubiera visto *La gran cacería*? *La gran cacería* podría llamarse *Saqueo de África y Asia* o *Triunfo de Europa*. Todos vienen aquí.

6

«Ora facciamo un'esercitazione». Es la voz del capitán amplificada por los megáfonos. No estoy seguro de entender lo que dice ¿Hemos llegado a Nápoles? «Ora facciamo un'esercitazione». «Vamos a proceder a un simulacro». En italiano y en inglés explica que, conforme a las ordenanzas, todos estamos obligados a participar, por lo que más vale que lo hagamos con buen ánimo. Aclara que se refiere a las Ordenanzas Internacionales de Salvamento Marítimo. Yo no creo estar obligado a participar, no voy a hacerlo aunque me lo pida amablemente. El pasajero con que comparto camarote sigue dormido o se hace el dormido. En el pasillo, una mujer con un bebé en los brazos me pregunta: «¿Qué está pasando?». «No puedo decírselo, señora. Yo no participo en el simulacro». Interviene una camarera que lleva, sobre su chaquetilla blanca, un chaleco salvavidas: «Todos están obligados a participar. Pero a usted nadie la castigará por no hacerlo, señora». La voz del capitán conmina a los miembros de la tripulación a ocupar sus puestos en el simulacro y a los pasajeros a dirigirnos al restaurante. Cuando lo encuentro, ya hay allí un grupo de personas somnolientas esperando instrucciones. Veo acercarse, con un movimiento oscilante, como de simio, al alemán con el que estuve charlando por la noche en el bar de cubierta, creo que ya me he referido a él. Me contó que es camionero, viaja por toda Europa —«Antes que alemán, soy europeo»—, se sentía mal dejando su camión en la bodega. Me cayó bien y decidí revelarle el objetivo de mi viaje. «En el colegio», me dijo, «nos hacían leer trozos de *Werther*, pero no sabía que Goethe hubiese escrito ningún *Viaje a Italia*». Tampoco tenía noticia de la *Teoría de los colores*, que intenté explicarle y le pareció un disparate. Pensando que no volveríamos a vernos, le dije: «Desde que embarqué hacia Sicilia, no he conseguido hablar con mi hijo». «Abandonen el barco», dice la voz del capitán. «Mantengan la calma. Abandonen el barco. Olviden lo que han dejado en el camarote. Si viajan con vehículo, no intenten acceder a él. Lo único importante es que salven sus vidas». La gente escucha con intensa atención, esforzándose por comprender. «Abandonen el barco. Durante el simulacro, los servicios de bar y restaurante quedan suspendidos. Pónganse en fila mirando hacia la puerta roja. Abandonen…». Su voz se interrumpe de repente. Nos miramos unos a otros, confundidos. Los rostros de algunos recuerdan a animales. La mujer con el bebé en los brazos parece una lechuza. La camarera nos cambia de orden en la fila, no sé con qué criterio. La gente acata las instrucciones con disciplina. Escucho, en distintas lenguas, la palabra «simulacro». Esa lluvia que golpea la cubierta, ¿será auténtica lluvia? ¿Qué estará pasando en la zona asignada a las mascotas?, ¿también ellas participarán en el simulacro? «¿Qué es un simulacro?», pregunta una niña a su padre. «¿Qué hora es?, ¿no deberíamos haber llegado ya?». Un grito de mujer, un grito de desesperación. ¿Está desesperada o lo finge? Se me acerca con un papel en la mano: «Si no sobrevivo, entregue esta carta a mi padre. Al otro lado está la dirección». «Va a sobrevivir. Es un simulacro». Ella me mira como si le mintiese por lástima, pone el papel en mi mano izquierda y me obliga a cerrarla. Un cura pregunta si alguien quiere confesarse. Dos hombres me recuerdan al esclavo desobediente y al funcionario, pero no veo entre ellos ningún látigo. Miro a mi alrededor. Cuando esta gente subió al barco —me digo—, nadie pensaba que le iban a pedir interpretar un papel. Y los demás, los que no están aquí, ¿qué hacen los que no están aquí? ¿Duermen? ¿De verdad puede alguien dormir? ¿Cuánto hace que no oímos la voz del capitán? «Papá, ¿qué es un simulacro?». Noto que el alemán está perdiendo la paciencia, se las arregla para ponerse el primero en la fila, une sus grandes manos alrededor de la boca a modo de altavoz y, en un inglés muy correcto, dice: «En una auténtica catástrofe, todos habríamos perecido. ¡Retirémonos todos!». Algo de él me hace pensar en Noé e imagino a Noé conduciendo por Europa un camión lleno de animales. «Entra en el arca, y todos esos contigo». Y, tras haberlos visto entrar, Yahvé cerró la puerta. Y está escrito que se rompieron todas las fuentes del gran abismo y las compuertas del cielo arrojaron lluvia sobre la tierra cuarenta días y cuarenta noches. Está escrito, pero ¿hubo realmente un diluvio? ¿Qué evidencia hay, aparte del testimonio de Noé, que tenía fama de borrachín? Cuando Yahvé abrió la puerta, cuarenta días y cuarenta noches después, ¿qué encontró Noé ahí fuera? ¿Qué había sucedido realmente ahí fuera? ¿Y si el diluvio solo fue un simulacro? «¡Retirémonos todos!», implora el alemán, parece necesitar compañía para realizar su deseo de largarse. Yo también siento tentación de abandonar, pero es más fuerte mi curiosidad por saber cómo acabará todo. ¿Y si, durante el simulacro, tuviese lugar una auténtica catástrofe? La puerta roja se abre y entran por ella un oso y un tigre.

7

El Tigre y el Oso nos observan como a un enjambre. Por fin, el Oso hace al primero de la fila un gesto para que se acerque. Desde mi posición en la fila, me cuesta oír lo que dicen.

Oso: ¿Eres el Capitán?

( ): Escucha, amigo, necesito bajar a la bodega.

Tigre: El Oso no te ha dicho ni que sea tu amigo ni que lo puedas tutear. ¿Eres el Capitán?

( ): ¿Es esto parte del simulacro? ¿Sois vosotros parte del simulacro?

Oso: Al Tigre le hablas de usted, ¿de acuerdo? ¿Qué haces en esta nave?

( ): ¿Qué quieres… qué quiere usted que haga? Matar el tiempo mientras me lleva.

Oso: ¿Dónde?

( ): ¿Dónde va a ser? A Nápoles.

Oso: ¿Qué vas a hacer en Nápoles?

( ): Subir a mi camión y alejarme cuanto antes de este puto barco.

Oso: ¿Tu camión te espera en Nápoles?

( ): Mi camión me espera en la bodega y tengo que comprobar que todo está bien.

Oso: ¿Cómo te llamas?

( ): Möller. Philip Möller.

Oso: Ese nombre aparece en la lista. Dos veces. ¿Puedes probar que eres un Philip Möller?

( ): Mi pasaporte está en la guantera, que está en el camión, que está en la bodega.

Oso: También tendrás carnet de conducir camiones.

( ): En la guantera. Voy a bajar a echar un vistazo, ¿vale? Soy responsable de la mercancía.

Oso: ¿Qué mercancía?

( ): No puedo decirlo.

Oso: No serán animales.

( ): Por contrato, debo guardar secreto sobre la naturaleza de la carga. Pero todo es legal.

Oso: ¿Quieres decir que, si se trata de animales, no son clandestinos?

( ): No es eso lo que he dicho.

Oso: Me parece que vamos a tener que abrir tu camión, Philip.

Tigre: Philip, ¿crees que podrías conducir un barco?

( ): ¿? No.

Tigre: Entonces vas a tener que ayudarnos a encontrar al Capitán. Necesitamos a alguien que lo conduzca, y lo necesitamos ya.

( ): Vi a alguien saltando al agua. Espero que no fuese el Capitán.

Tigre: ¿Un uniformado?

( ): Alguien desnudo.

TIGRE: Más te vale que no fuese el Capitán. Podemos estrellarnos. Por otro lado, ¿sabes cuánta carne necesita un tigre cada día? Más te vale que el Capitán esté escondido o suplantando a alguien. Por ejemplo, a Philip Möller.

( ): Soy Philip Möller. Al menos uno de ellos.

TIGRE: ¿Puedes probar que no eres el Capitán?

( ): Eso salta a la vista.

TIGRE: Vamos a abrir tu camión, Philip, si es que tienes un camión, si es que te llamas Philip.

OSO: Philip, cuéntanos qué vida llevas en tierra.

( ): Mi vida es la carretera. Fuera de ella, me siento extranjero. Hago los descansos que me exige el reglamento, ni uno más. Cada cuatro horas, descanso cuarenta minutos sin interrupción; cada día, once horas sin interrupción; cada semana, cuarenta y cinco horas sin interrupción… ¿De verdad no hay nadie al mando? ¿Vamos a la deriva?

TIGRE: Se sabe el reglamento de descansos.

OSO: Cualquiera puede saberse el reglamento de descansos. Así que solo eres feliz en tu camión, solo descansas porque te lo manda la ley. ¿Qué pasa si te entra sueño al volante?

( ): Tenemos trucos para no dormirnos. Pensar en cosas que te excitan. Si tienes una erección, no te duermes.

Tigre y Oso: ¿En serio?

( ): Prueben. Fijo que no se duermen.

Tigre: Vuelve a la fila y espera instrucciones. Estate atento a los megáfonos. ¿Nos haces el favor de decir al siguiente que se acerque?

( ): ¿Puedo bajar a la bodega?

Oso: Vuelve a la fila.

El hombre que dice ser camionero vuelve a la fila. Sale de la fila alguien enmascarado.

Oso: ¿Eres el Capitán?

( ):

Tigre: No se te entiende. Quítate esa máscara de tigre.

Se la quita.

( ): No.

Tigre: Disculpa que te miremos así. Nos recuerdas mucho al que acaba de estar aquí. En general, nos cuesta distinguiros. Para nosotros, todos sois más o menos el mismo, igual que para vosotros todos los osos son más o menos el mismo oso y todos los tigres el mismo tigre. ¿Cuál es tu nombre?

( ): Philip. Philip Möller.

Oso: Ese nombre aparece en la lista. Dos veces.

( ): ¿Qué lista?

Oso: La de pasajeros.

( ): Soy un pasajero. ¿Dos veces?

Oso: ¿Qué clase de pasajero eres, Philip Möller?

( ): Regreso al continente desde Sicilia. He pasado tres semanas allí.

Oso: ¿Por qué participas en el simulacro? ¿Estás obligado a hacerlo?

( ): El simulacro me sorprendió en el baile de máscaras y actué pensando que era parte de la fiesta. Ahora comprendo que va en serio y colaboro con mucho gusto.

Oso: ¿Qué has hecho en Sicilia?

( ): He estado viendo qué puedo comprarles y qué puedo venderles. Soy comerciante.

Tigre: ¿Visitaste la catedral de Monreale?

( ): En Monreale visité el monasterio de San Martino, pero no la catedral.

Oso: Te hemos estado observando. Hemos registrado tu camarote.

( ): ¿Tienen derecho a hacer eso?

Oso: No tenemos derecho. Bajo tu almohada hemos encontrado esto. ¿Qué es?

( ): Un prisma.

Oso: ¿Te entretienes con eso cuando no puedes dormir?

( ): Para dormirme, recorro el ciclo de la planta –semilla, raíz, tallo…–. Pero no me preocupa si no me duermo en seguida. Los insomnes se dan demasiada importancia. Hasta los dioses padecen insomnio, según Homero. ¿Quién puede dormir hoy en día?

Oso: No creemos que seas un comerciante, Philipp, si es que te llamas Philip.

( ): Soy un comerciante.

Tigre: No eres un comerciante. Vamos a subir al puente de mando y vas a coger el timón.

( ): Me rindo, no soy comerciante. Soy poeta. ¿Puede quedar entre nosotros?

Oso: Así que eres un poeta que se hace pasar por comerciante. ¿Cómo sabemos que no eres un capitán que se hace pasar por poeta que se hace pasar por comerciante?

( ): Preferiría ser el Capitán, pero soy el que soy.

Tigre: ¿Cuál es tu auténtico nombre, poeta?

( ): Johann. Bueno, Johann W. La W es por Wolfgang. Intento ocultarla.

Oso: No me extraña. ¿Sueles ir por ahí bajo nombres falsos, Johann Wolfgang?

( ): Escribí una novela que ha sido leída en toda Europa. No quiero ser tratado como el autor de esas famosas palabras. No quiero ser «Johann W. Goethe». Prefiero que me conozcan por mis acuarelas. Si por mí fuera, dejaríamos de hablar y nos entenderíamos pintando.

TIGRE: ¿Qué has hecho realmente en Sicilia, Johann W.?

( ): He intentado relacionarme con las cosas sin ninguna intención. También he investigado sobre los colores. Moved el prisma.

El Oso no mueve el prisma. El Tigre sí lo mueve. Saltan colores.

OSO: ¿Qué demonios es eso?

( ): ¡No tengáis miedo! Es nuestro ojo el que produce los colores. Newton dice que están contenidos en la luz blanca. Qué va, son un fenómeno de nuestro interior. Eso explica la influencia de los colores sobre las emociones, y de las emociones sobre los colores. Si llevásemos puestas unas gafas de natación azules, viviríamos todo esto de forma muy distinta. Por la misma razón, las plantas crecen de distinto modo si les das luz azul o luz roja. En el fondo, todos los seres somos el mismo, igual la pequeña margarita que el gran tigre.

El gran Tigre juega con los colores del prisma hasta que se mezclan con los focos de un helicóptero que vuela alrededor del barco.

Tigre: Aprovechando el simulacro de catástrofe, hemos tomado el barco. Pero no sabemos conducirlo. En tierra ya han advertido que algo extraño sucede y muy pronto se echarán sobre nosotros. Necesitamos un capitán.

( ): Me gustaría ayudaros, pero no puedo ser el Capitán.

Tigre: ¿Sabes cuánta carne necesita un tigre cada día? Si no nos eres de otra utilidad, tendremos que comerte, Johann W. Goethe.

( ): Quiero seros útil, pero nunca seré el Capitán.

Tigre: Esto de las palabras es nuevo para nosotros. Nos resulta difícil hacernos entender, lo que puede costarnos caro. En eso sí podrás ayudarnos, poeta. Tú puedes explicar a la gente que no queremos haceros daño. Solo queremos volver al lugar de donde nos sacasteis.

( ): Todavía conservo algunas habilidades lingüísticas. Pero me he propuesto mantenerme fuera de las palabras.

Tigre: Vuelve a la fila y no salgas hasta encontrar las palabras que necesitamos. Di al siguiente que se acerque. No, no te lleves el prisma.

Quien dice haber sido Johann W. Goethe vuelve a la fila. Sale de la fila alguien pequeño.

Oso: ¿Eres el Capitán?

( ): Soy una niña.

Tigre: Perdón. Nos cuesta distinguir entre vosotros.

Oso: No vamos a descartar a nadie. El Capitán ha podido tomar cualquier disfraz. ¿Cuántos años tienes, bonita?

La niña no oye, está jugando con el prisma.

Oso: A la fila, nena. Eh, deja ahí ese prisma. ¡El siguiente!

De la fila sale alguien dando tumbos.

Oso: Espero que no seas el capitán.

( ): Anoche me pasé un poco… ¿Que habéis cerrado el bar?… ¡No sé qué de una cratás…!… Cratrástofe.

Oso: Anda a la fila. ¡El siguiente!

Salta de la fila, muy animada, una con chaquetilla blanca y chaleco salvavidas.

Oso: ¿Eres el…?

( ): Sirvo en el restaurante y en el bar de cubierta, por turnos. Palermo-Nápoles me toca el bar; Nápoles-Palermo, el restaurante. Son trabajos muy importantes y muy distintos. En el bar, el problema son los borrachos; en el restaurante, los niños mimados, cada vez hay más niños mimados. Durante los simulacros, me encargo de la puerta roja. Los simulacros sacan de la gente lo mejor y lo peor.

Oso: Seguro que conoces a todo el mundo en este barco.

( ): Acabas tratando con mucha gente, eso es verdad.

Tigre: ¿Dónde está el Capitán?

( ): Nunca lo he visto. Para mí es solo una voz, en italiano y en inglés.

Oso: Vuelve a la fila y espera instrucciones. ¡El siguiente! … ¡¡El siguiente!! … ¡¡¡El siguiente!!!

No sale nadie. El Oso me mira fijamente, como si me reconociese.

Oso: ¿Estás sordo? Sal de la fila.

( ): No soy el Capitán. Tengo tanto interés como ustedes en conocerlo.

Oso: ¿Qué escondes en esa mano?

( ): No escondo nada. Es una carta. Me la ha dado en la fila esa mujer.

Oso: Léela.

( ): No es para nosotros.

Tigre: Léela.

( ): «Padre, espero que esta carta lo halle bien. Yo estoy en medio de una catástrofe. Probablemente, no volveremos a vernos. No es hora de esconderse detrás de las palabras. No es hora de seguir encadenando palabras para evitar decir lo que necesito decir, lo que debería haberle dicho hace años. No es hora de…».

Tigre: Basta. Háblanos de ti.

( ): He viajado por Sicilia siguiendo a Goethe. También he estado en lugares donde él no estuvo, precisamente porque él no estuvo. En Monreale hice muchas fotos malas. En Casale me detuve a hacer una llamada a mi hijo. He visto animales por todas partes. No consigo dormir.

TIGRE: ¿Por qué, en vez de estar con tu hijo, sigues a ese Goethe? ¿Es tan buen poeta?

( ): Pasó media vida, la mitad de una vida muy larga, pensando sobre los colores. Hizo una teoría alternativa a la de Newton. Contra ella. No comprendo.

TIGRE: ¿No comprendes la teoría?

( ): No comprendo la obsesión. Que un hombre tan inteligente dedicase años y años a ese asunto, en medio de la incomprensión y de las burlas. Todavía es objeto de burla por ello. Los brillos, las sombras, el arco iris, todo eso le fascinaba. ¿Dónde acaba el rojo y empieza el amarillo? El gris, el misterio del gris. No entiendo esa obsesión. La teoría tampoco. Hablar con un hijo es lo más difícil del mundo.

TIGRE: ¿Oyes esos helicópteros? Están a punto de atacarnos. ¿Crees que tenemos una oportunidad?

( ): No hay ninguna oportunidad.

TIGRE: No tenemos ninguna oportunidad. Aprovechémosla. ¡El siguiente!

Salen de la fila el Esclavo y el Funcionario. El Tigre se dirige al Esclavo.

Tigre: Esperaba que hubieses sido tú el que saltó al agua.

( ): No podía dejaros solos.

Tigre: Estás a tiempo de saltar. Si ninguno de nosotros se salva, serán ellos quienes cuenten lo que ha pasado.

( ): No voy a dejaros solos.

El Tigre se dirige al Funcionario.

Oso: ¿Qué es eso que llevas en la mano? ¿Un adorno para el baile de disfraces?

( ): No es ningún adorno. Duele.

Oso: ¿Qué utilidad le das?

( ): Lo uso para evitar que el proceso se interrumpa. El látigo todo el mundo lo entiende.

Tigre: Me suenan, tu voz y tu látigo. ¿Nos conocemos?

( ): Claro que nos conocemos. Yo te hice subir a este barco. Costó separarte de tu madre. La engañé poniendo frente a ella un espejo. Pensó que la atacaba una gran bestia.

El Tigre mata al Funcionario. Su boca se llena de sangre. Luces de todos los colores. Focos de helicópteros. Disparos. Aullidos. Silencio.

«L'essercitazione è finita. El simulacro ha acabado. Los servicios de bar y restaurante han de ser reestablecidos de forma inmediata. Ruego a los miembros de la tripulación que vuelvan a sus puestos y a los pasajeros que se retiren en orden. Si salen a cubierta, verán el mar en calma. Confíen en la palabra de su capitán». La voz del capitán, o de alguien que imita al capitán, me sigue a lo largo del pasillo excusándose por las molestias causadas. Insiste en que no ha actuado por propia iniciativa, sino obedeciendo las Ordenanzas Internacionales de Salvamento Marítimo. Alguien grita que, mientras participaba en el simulacro, han entrado en su camarote robándole un reloj de gran valor. En mi mano izquierda todavía tengo la carta para el padre de la mujer desesperada. Subo una, dos, tres escaleras y salgo a cubierta.

El mar está en calma, o lo finge. Fue llamado Mare Nostrum. Pienso que aquel barco pudo naufragar con su carga de animales bellísimos. Pienso que en el fondo del mar hay esqueletos de animales bellísimos y que un tiburón mira el cuerno de un rinoceronte. Pienso en los animales insomnes del arca, en medio del diluvio. Pienso en los animales capturados por Roma, en medio del naufragio. Quizá, por un instante, la catástrofe les devolvió la libertad. Quizá la tormenta abrió sus jaulas y tomaron el barco. Quizá las abrió el esclavo, sabiéndolo todo perdido. Quizá el esclavo y el hombre del látigo se encontraron en medio de la catástrofe. Pero el esclavo tuvo tiempo de desnudarse y, desnudo, se lanzó al agua.

Esta primera edición de
La gran cacería
de Juan Mayorga
se terminó de imprimir
el 8 de junio de 2025
exactamente
doscientos cuarenta
años después
de que
Wolfgang Amadeus Mozart
escribiera en Viena
Das Veilchen («La violeta»),
una canción para voz y piano
basada en un poema de
Johann Wolfgang von Goethe,
al que Mozart
se atreve a añadir dos frases
para componer sobre ellas una coda.